AF185293

Werner Tiki Küstenmacher präsentiert

Chris, die Kerze und

DIE GESCHICHTE VOM ABENDMAHL

Ein fröhliches Buch zur Konfirmation

Hinweis: Dieses Buch erschien erstmalig 1995
in den Verlagen Calwer und Pattloch.

Bibliografische Information Der Deutschen Bibliothek
Die Deutsche Bibliothek verzeichnet diese Publikation in der
Deutschen Nationalbibliografie; detaillierte bibliografische Daten
sind im Internet über http://dnb.ddb.de abrufbar.

Es ist nicht gestattet, Abbildungen dieses Buches zu scannen,
in PCs oder auf CDs zu speichern oder in PCs/Computern zu verändern
oder einzeln oder zusammen mit anderen Bildvorlagen zu manipulieren,
es sei denn mit schriftlicher Genehmigung des Verlages.

ISBN 978–3–7668-4078-3

2. Auflage 2013
© 2009 Calwer Verlag, Stuttgart
Herstellung: Karin Class, Calwer Verlag
Druck und Bindung: studiodruck GmbH, Nürtingen-Raidwangen

www.calwer.com
info@calwer.com

Im Schweiße deines Angesichts sollst du dein Brot essen

1. Mose 3,19

1. Mose 14,18

Melchisedek brachte Brot und Wein heraus

Sieben Tage lang sollt ihr ungesäuertes Brot essen

2. Mose 12,15

Die Raben brachten ihm Brot

1. Könige 17,6

Du bereitest vor mir einen Tisch

Psalm 23,5

Der Wein erfreue des Menschen Herz.

Psalm 104,15

Als sie aber aßen, nahm Jesus das Brot, dankte und brach es und gab es den Jüngern und sprach

Nehmt und esst. Das ist mein Leib.

Nach dem Essen nahm er den Kelch, dankte, gab ihn seinen Jüngern und sprach:

Trinkt alle daraus. Das ist mein Blut des Bundes, das vergossen wird für viele zur Vergebung der Sünden.

Nach diesem Essen wurde Jesus verhaftet...

...und zum Tode verurteilt. Am nächsten Tag wurde er durch Kreuzigung hingerichtet. Er starb also kurz nach dem Passalamm.

Lukas 23

Das war Freitag abends. Am Sonntagmorgen aber war das Grab leer. Der tote Jesus Christus ist auferstanden!

Er ist weg!

Lukas 24, 1-12

Halleluja! Der Herr ist auferstanden, er ist wahrhaftig auferstanden!

Was beim Abendmahl genau passiert, bleibt Gottes Geheimnis. Trotzdem haben die Theologen nach Erklärungen gesucht, ist ja klar.

Das gebrochene Brot des Abendmahls ist ein Heilmittel zur Unsterblichkeit

Ignatius von Antiochien (†115)

Wie Gott in Jesus Christus Fleisch und Blut wurde, so wird Jesus Christus im Abendmahl Brot und Wein

Justin der Märtyrer (†165)

Die wahre Speise und der wahre Trank ist das Wort Gottes, das die Seele ernährt

Origenes (185–254)

Dieses Brot und dieser Wein sind das Gegengift gegen den Giftstoff, der mit der Sünde in den Menschen eingedrungen ist.

Gregor von Nyssa (334–394)

Sakramente sind sichtbare Worte Gottes

Augustinus (354–430)

Abendmahlswunder wiederholt sich das Wunder der Menschwerdung Gottes

Johannes Damascenus (650–750)

In Brot und Wein ist jeweils der ganze Christus. Daher dürfen die Gläubigen ruhig auf den Kelch verzichten

Konkomitanz

Alexander von Hales (1185–1245)

In der Eucharistie verwandelt sich das innere Wesen von Brot und Wein

Trans-substantiation

Thomas von Aquin (1225–1274)

Ist das Brot verzehrt, so hinterlässt Gott in euch den Abdruck seiner Gnade, wie ein Siegel in warmem Wachs

Katharina von Siena (1347–1380)

Der Abendmahlstisch ist die Pforte des Himmels auf Erden

Martin Luther (1483–1546)

Die Geheimnisse Gottes soll man anbeten, nicht zerpflücken

Philipp Melanchthon (1497–1560)

IRISCHER FEUERSEGEN

Ich zünde das Feuer an
ohne Zorn, ohne Neid, ohne Angst
denn mein Beschützer ist Christus,
der Sohn des lebendigen Gottes.

So wie dieses Feuer, Herr,
entzünde in meinem Herzen
die Flamme der Liebe
für meine Feinde, meine Freunde
und meine Verwandten,
für die Klugen genauso
wie für die Dummen,
für die Freien und die Sklaven,
von den einfachen Leuten
bis hin zu dem,
der über alles erhaben ist.

Amen.